中国铁建股份有限公司企业标准

中低速磁浮交通供电系统技术规范

Technical Code for Medium and Low Speed Maglev Transit Power Supply

Q/CRCC 33803—2019

主编单位：中铁磁浮交通投资建设有限公司
中铁第五勘察设计院集团有限公司
批准单位：中国铁建股份有限公司
施行日期：2020 年 5 月 1 日

人民交通出版社股份有限公司
2019 · 北京

图书在版编目（CIP）数据

中低速磁浮交通供电系统技术规范／中铁磁浮交通投资建设有限公司，中铁第五勘察设计院集团有限公司主编. — 北京：人民交通出版社股份有限公司，2019. 12

ISBN 978-7-114-15848-3

Ⅰ. ①中…　Ⅱ. ①中…　Ⅲ. ①磁浮铁路—供电系统—技术规范　Ⅳ. ①U237-65

中国版本图书馆 CIP 数据核字（2019）第 215756 号

标准类型：中国铁建股份有限公司企业标准
标准名称：中低速磁浮交通供电系统技术规范
标准编号：Q/CRCC 33803—2019
主编单位：中铁磁浮交通投资建设有限公司
　　　　　中铁第五勘察设计院集团有限公司
责任编辑：曲　乐　张博嘉
责任校对：张　贺　龙　雪
责任印制：张　凯
出版发行：人民交通出版社股份有限公司
地　　址：（100011）北京市朝阳区安定门外外馆斜街 3 号
网　　址：http：//www. ccpress. com. cn
销售电话：（010）59757973
总 经 销：人民交通出版社股份有限公司发行部
经　　销：各地新华书店
印　　刷：北京印匠彩色印刷有限公司
开　　本：880 × 1230　1/16
印　　张：3. 25
字　　数：56 千
版　　次：2019 年 12 月　第 1 版
印　　次：2019 年 12 月　第 1 次印刷
书　　号：ISBN 978-7-114-15848-3
定　　价：25. 00 元

序　一

2016年5月6日，由中国铁建独家承建的我国首条中低速磁浮商业运营线——长沙磁浮快线开通试运营。长沙磁浮快线是世界上最长的中低速磁浮线，是我国磁浮技术工程化、产业化的重大自主创新项目，荣获我国土木工程领域工程建设项目科技创新的最高荣誉——中国土木工程詹天佑奖。长沙磁浮快线是中国铁建独创性采用“投融资+设计施工总承包+采购+研发+制造+联调联试+运营维护+后续综合开发”模式的建设项目，其建成标志着我国在中低速磁浮工程化应用领域走在了世界前列，也标志着中国铁建成为中低速磁浮交通的领跑者和代言人。

我国已进入全面建成小康社会的决定性阶段，正处于城镇化深入发展的关键时期，亟待解决经济发展、城市交通、能源资源和生态环境等问题，而中低速磁浮交通具有振动噪声小、爬坡能力强、转弯半径小等优势，业已成为市内中低运量轨道交通、市郊线路和机场线、旅游专线等的有力竞争者。以中低速磁浮交通为代表的新型轨道交通是中国铁建战略规划“7+1”产业构成中新兴产业、新兴业务重点布局新兴领域之一，也是中国铁建产业转型升级、打造“品质铁建”、实现高质量发展的切入点之一。2018年4月，中国铁建开展了中低速磁浮标准体系建设工作，该体系由15项技术标准组成，包括1项基础标准、9项通用标准和5项专用标准，涵盖勘察、测量、设计、施工、验收、运营和维护全过程、全领域；系列标准立足总结经验、标准先行、补齐短板、填补空白，立足系统完备、科学规范、国内一流、国际领先，立足推进磁浮交通技术升级、交通产业发展升级和人民生活品质提升。中低速磁浮系列标准的出版，必将为中国铁建新型轨道交通发展提供科技支撑力并提升中国铁建核心竞争力。

希望系统内各单位以中低速磁浮系列标准出版为契机，进一步提升新兴领域开拓战略高度，强化新兴业务专有技术培育，加快新兴产业标准体系建设，以为政府和业主提供综合集成服务方案为托手，以“旅游规划、基础配套、产业开发、交通工程勘察设计、投融资、建设、运营”一体化为指导，全面推动磁浮、单轨、智轨等新型轨道交通发展，为打造“品质铁建”做出新的更大贡献！

董事长：　　　　总裁：

中国铁建股份有限公司

2019年12月

序　二

建设更安全可靠、更节能环保、更快捷舒适的轨道交通运输系统，一直都是人类追求的理想和目标。为此，我国自20世纪80年代以来积极倡导、投入开展中低速常导磁浮列车技术的研究。通过对国外先进技术的引进、消化、吸收以及自主创新，利用高校、科研院所及设计院等企业的协调合作，我国逐步研发了各种常导磁浮试验模型车，建设了多条厂内磁浮列车试验线，实现了载人运行试验，标志着我国在中低速常导磁浮列车领域的研究已跨入世界先进国家的行列，并从基础性技术研究迈向磁浮产业化。

国内首条中低速磁浮商业运营线——长沙磁浮快线于2014年5月开建，开启了国内中低速磁浮交通系统从试验研究到工程化、产业化的首次尝试，实现了国内自主设计、自主制造、自主施工、自主管理的中低速磁浮商业运营线零的突破。建成通车时，我倍感欣慰，不仅是因为我的团队参与了建设，做出了贡献，更因为中低速磁浮交通走进了大众的生活，让市民感受到了磁浮的魅力，让国人的磁浮梦扬帆起航。

在我国磁浮技术快速发展的基础上，中国工程院持续支持了中低速磁浮、高速磁浮、超高速磁浮发展与战略研究三个重点咨询课题。三个课题详细总结了我国磁浮交通的发展现状、发展背景，给出了我国磁浮交通的发展优势、发展路径、发展战略等建议。同时，四年前，在我国已掌握了中低速磁浮交通的核心技术、特殊技术、试验验证技术和系统集成技术，并且具备了磁浮列车系统集成、轨道制造、牵引与供电系统装备制造、通信信号系统装备制造和工程建设的能力的大背景下，我联合多名中国科学院院士、中国工程院院士、大学教授署名了一份《关于加快中低速磁浮交通推广应用的建议》，希望中低速磁浮交通上升为国家战略新兴产业。

两年前，国内首条旅游专线——清远磁浮旅游专线获批开建，再次推动了中低速磁浮交通的产业化发展，拓展了其在旅游交通领域的应用。

现在，我欣慰地看到，第一批中国铁建中低速磁浮工程建设企业标准已完成编制，内容涵盖了工程勘察、设计、施工、验收建设全过程以及试运营、运营、检修维护全领域，结构合理、内容完整，体现了中低速磁浮交通标准体系的系统性和完整性，体现更严、更深、更细的企业技术标准要求。一系列标准的发布，凝聚了众多磁浮人的智慧结晶，对推动我国中低速磁浮交通事业的发展、实现“交通强国”具有重要的意义。

磁浮交通一直在路上、在奔跑，具有绿色环保、安全性高、舒适性好、爬坡能力强、转弯半径小、建设成本低、运营维护成本低等优点，拥有完全自主知识产权的中低速磁浮交通也是未来绿色轨道交通的重要形式。磁浮人应以国际化为目标，以产业化为支撑，以市场化为指导，以工程化为载体，实现我国磁浮技术的发展和应用。

作为磁浮交通科研工作者中的一员，我始终坚信磁浮交通有着广阔的发展前景，也必将成为我国轨道交通事业的“国家新名片”。

中国工程院院士：

2019 年 11 月

中国铁建股份有限公司文件

中国铁建科技〔2019〕165号

关于发布《中低速磁浮交通术语标准》等15项中国铁建企业技术标准的通知

各区域总部，所属各单位：

现批准发布《中低速磁浮交通术语标准》（Q/CRCC 31801—2019）、《中低速磁浮交通岩土工程勘察规范》（Q/CRCC 32801—2019）、《中低速磁浮交通工程测量规范》（Q/CRCC 32802—2019）、《中低速磁浮交通设计规范》（Q/CRCC 32803—2019）、《中低速磁浮交通信号系统技术规范》（Q/CRCC 33802—2019）、《中低速磁浮交通供电系统技术规范》（Q/CRCC 33803—2019）、《中低速磁浮交通接触轨系统技术标准》（Q/CRCC 33805—2019）、《中低速磁浮交通车辆基地设计规范》（Q/CRCC 33806—2019）、《中低速磁浮交通土建工程施工技术规范》（Q/CRCC 32804—2019）、《中低速磁浮交通机电工程施工技术规范》（Q/CRCC 32805—2019）、《中低速磁浮交通工程施工质量验收标准》（Q/CRCC 32806—2019）、《中低速磁浮交通试运营基本条件》（Q/CRCC 32807—2019）、《中低速磁浮交通车辆检修规程》（Q/CRCC 33804—2019）、《中低速磁浮交通运营管理规范》（Q/CRCC 32809—2019）和《中低速磁浮交通维护规范》（Q/CRCC 32808—2019），自2020年5月1日起实施。

15项标准由人民交通出版社股份有限公司出版发行。

中国铁建股份有限公司

2019年11月18日

中国铁建股份有限公司办公厅　　2019年11月18日印发

前　言

本规范是根据中国铁建股份有限公司《关于下达中国铁建中低速磁浮工程建设标准编制计划的通知》（中国铁建科设〔2018〕53 号）的要求，由中铁磁浮交通投资建设有限公司和中铁第五勘察设计院集团有限公司会同有关单位编制完成。

本规范编制过程中，编制组进行了深入调查研究，系统地总结工程实践经验，广泛征求有关单位和专家意见，并与相关标准进行了协调，经反复讨论、修改，由中国铁建股份有限公司科技创新部审查定稿。

本规范共分 11 章，主要技术内容是：1 总则；2 术语；3 基本规定；4 外部电源；5 变电所；6 牵引网；7 电缆；8 动力与照明；9 电力监控系统；10 防雷与接地；11 供电维修。

本规范由中国铁建股份有限公司科技创新部负责管理，由中铁磁浮交通投资建设有限公司、中铁第五勘察设计院集团有限公司负责具体技术内容的解释。规范执行过程中如有意见或者建议，请寄送中铁磁浮交通投资建设有限公司（地址：湖北省武汉市武昌区张之洞路 169 号金星大厦 17 楼，邮编：430060；Email：crmtbz@163. com）和中铁第五勘察设计院集团有限公司（地址：北京市大兴区康庄路 9 号研发楼 803，邮编：102600），以供今后修订时参考。

主编单位：中铁磁浮交通投资建设有限公司
中铁第五勘察设计院集团有限公司

参编单位：中铁第一勘察设计院集团有限公司

主要起草人员：鄢巨平　刘　斌　张家炳　曹建设　王睿思　徐斌杰　郭洪斌　赵云翾　孟金林　田升平　刘长志　李　超　张晓玉　梁　红　李伟强　张宝华　丁兆锋

主要审查人员：张兴昭　白雪莲　吴命利　孙名刚　张立青　顾群益　李力鹏　朱晓军　魏云生　周　菁　汪吉健　尹魁元　李国胜　黎　锋　楚振宇　李业强

目　次

Contents

1　总则

1.0.1　为规范中低速磁浮交通的供电系统建设，保障系统安全可靠运行，做到功能合理、经济适用、节能环保、技术先进，制定本规范。

1.0.2　本规范适用于最高运行速度不超过120km/h的新建中低速磁浮交通供电系统工程的设计、施工和运营维护。

条文说明

本规范仅适用于新建工程。对于改建或扩建工程，综合考虑供电系统工程的设计和施工方法，可参照使用。

1.0.3　工程的建设应根据工程特点、负荷性质、用电容量、所址环境、供电条件、安装、运行和维护要求等因素，合理选用设备和确定设计方案，并应为未来发展预留条件。

1.0.4　中低速磁浮交通供电系统设计、施工和运营维护除应符合本规范外，尚应符合国家现行有关标准和中国铁建现行有关技术标准的规定。

2 术语

2.0.1 中低速磁浮交通 medium and low speed maglev transit

采用直线异步电机驱动，定子设在车辆上的常导磁浮轨道交通。

2.0.2 牵引供电系统 traction power supply system

给车辆提供电能的全部电力装置的总称。

2.0.3 外部电源 external power supply

为中低速磁浮交通提供电能的城市电网电源。

2.0.4 中压供电网络 medium voltage power supply network

把中压电能配送到各牵引变电所、降压变电所的供电网络。

2.0.5 供电分区 power supply section

在接触轨上电气相互断开的供电区段，分为纵向供电分区和横向供电分区。

2.0.6 主变电所 high voltage substation

由城市电网引入高压电源，将其转换为中低速磁浮交通用中压电源的专用高压变电所。

2.0.7 开闭所 switch station

由城市电网引入中压电源，为中低速磁浮交通分配电力的供配电设施。

2.0.8 牵引变电所 traction substation

将中压交流电降压并整流为牵引用直流电的变电所。

2.0.9 降压变电所 distribution substation

将中压交流电降压为动力及照明用低压交流电的变电所。

2.0.10 牵引降压混合变电所 combined substation

既提供牵引电源又提供动力照明交流低压电源的变电所。

2.0.11 集中供电 centralized power supply mode

由专门设置的主变电所集中为各牵引变电所及降压变电所等供电的供电方式。

2.0.12 分散供电 distributed power supply mode

由沿线分散引入的城市中压电源分别为各类变电所供电的供电方式。

2.0.13 混合供电 combined power supply mode

同一条线路供电系统中部分采用集中供电、部分采用分散供电的供电方式。

2.0.14 负荷中心 center of loads

相互靠近的若干电力负荷点的中心区域。

2.0.15 牵引整流机组 traction rectifier unit

由牵引变压器和整流机组组成的电流变换设备组。

2.0.16 框架泄漏保护 framework leakage protection

在直流变电所中，直流开关柜或整流器柜发生对地绝缘故障时，通过由框架故障电流检测装置或高阻抗电压检测装置检测的故障电流或电压而实现故障切除或告警的保护。

2.0.17 双边联跳保护 bilateral jump protection

在磁浮系统双边供电方式下，其中一座牵引变电所检测到故障并跳闸时，同时联动受影响的相邻牵引变电所跳闸的一种保护方式。

2.0.18 备用电源 stand by power supply

当正常电源断电时，由于非安全原因用来维持电气装置或其某些部分所需的电源。

2.0.19 牵引网 traction electric system

由直接向中低速磁浮列车提供牵引直流电源和进行回流的导电轨构成的供电网络。

2.0.20 接触轨 contact rail

敷设在承轨梁两侧，通过受电靴向中低速磁浮列车供给电能的导电轨。

2.0.21 钢铝复合导电轨 steel-aluminum composite conductor rail

钢材和铝材通过某种机械或物理方式结合而成的接触轨。

2.0.22 绝缘支撑 insulated support bracket

将接触轨固定于承轨梁一侧的特定位置，对接触轨进行支撑、定位和绝缘，能够承载系统中所有可能出现的静载和动载的装置。

2.0.23 中间接头 bolted joint

用于接触轨的轨与轨之间连接并传导电能的部件。

2.0.24 膨胀接头 expansion joint

设置于两组中心锚结之间，用于补偿接触轨因自身温度变化而引起伸缩的装置。

2.0.25 端部弯头 ramp

为保证电气列车的受电靴平滑搭接或离开接触轨，在接触轨的端部设置的具有适量纵向坡度的接触轨。

2.0.26 中心锚结 mid-point anchor

一般设在接触轨锚段中部，防止两端膨胀接头向一侧滑动和缩小事故范围的装置。

2.0.27 跨距 span length

接触轨相邻两个绝缘支撑的间距。

2.0.28 锚段 contact rail section

接触轨机械上独立的线段。

2.0.29 锚段长度 contact rail section length

连续敷设的接触轨相邻两个中心锚结之间的距离。

2.0.30 动力与照明系统 power lighting system

为动力及照明设备提供低压电源的供电系统。

2.0.31 应急照明 emergency lighting

因正常照明的电源失效而启用的照明，包括疏散照明、安全照明、备用照明。

2.0.32 疏散照明 escape lighting

作为应急照明的一部分，用于确保疏散通道被有效地辨认和使用的照明。

2.0.33 电力监控系统 power supervisory control and data acquisition system（SCADA）

电力数据采集与监视控制系统，包括遥控、遥测、遥信和遥调功能；由主站、各变电所子站和信息通道组成。

2.0.34　变电所综合自动化系统　integrated substation automation system

对变电所设备集中进行控制、保护、测量、计量的自动化系统。

3 基本规定

3.0.1 中低速磁浮交通供电系统应包括外部电源、主变电所或电源开闭所、中压供电网络、牵引供电系统、动力照明系统、电力监控系统。

3.0.2 牵引供电系统应包括牵引变电所与牵引网。动力照明系统应包括降压变电所、动力与照明配电系统。

3.0.3 电力调度中心、主变电所等设施的设置应能实现资源共享。

条文说明

通常一个城市的轨道交通（包括中低速磁浮交通）在远期都将呈现网络状，因此在考虑供电设施的配置时，不应仅局限于某一条线路，而应考虑区域化和网络化的管理和供给。当若干条线路在地理位置、建设周期以及建设标准上能够相互配合时，应将电力调度中心、主变电所等设施按照资源共享的方式设置，即两条及以上的轨道交通线路使用同一座电力调度中心和主变电所。这样既可以大幅度降低总投资，又有利于解决外部电源和市区内征地的困难，这是轨道交通工程规划和供电系统设计应注意的问题。

在进行电力调度中心和主变电所资源共享设计时需注意：

（1）主变电所位置宜靠近共享线路，以利于电缆径路的选择和减小电缆通道的工程量。

（2）调度中心的调度台和主变电所的供电母线宜分线设置，应由先建工程统一规划。

（3）主变电所内变压器的基础应按共享各线工程均完成后的最终容量预留。

3.0.4 中压供电网络的电压等级宜采用35kV、20kV或10kV。对分散供电方式，中压网络的电压等级应与城市电网一致；对集中供电方式，中压网络的电压等级宜采用电压较高的35kV。

条文说明

中压供电网络采用较高的电压等级可以减少线路损耗，增加供电距离，提高供电质量。我国各城市的电网情况不同，有些城市电网不具备35kV电压等级，而在采用分散供电方式时，中压供电网络应与城市电网的电压等级一致。

3.0.5 中压供电网络的供电容量应满足远期列车运行需求。对互为备用的中压电缆线路，当一路退出运行时，另一路应能承担系统中一级、二级负荷的供电。

条文说明

中低速磁浮交通供电系统中压供电网络的输电线路通常为电缆，为保证供电可靠性，中压电缆线路采用互为备用的方案，以确保线路故障后的用电需要。

3.0.6 在任何运行方式下，中压供电网络各节点的电压允许偏差应符合下列规定：

1 35kV 及以上供电电压正负允许偏差绝对值之和不应超过标称电压的 10%。

2 20kV 及以下三相供电电压允许偏差应为标称电压的 ±7%。

3.0.7 牵引用电负荷应为一级负荷，动力照明负荷应根据负荷重要性进行分级。

3.0.8 由直流牵引供电系统及其他非线性用电设备产生的谐波引起的电网电压正弦波形畸变率应符合现行国家标准《电能质量公用电网谐波》（GB/T 14549）的规定。

3.0.9 对供电系统中的无功功率应进行无功补偿。

3.0.10 直流牵引供电系统的电压标准及其波动范围应符合表 3.0.10 的规定。

表 3.0.10 直流牵引供电系统电压标准及其波动范围（单位：V）

标称值	最高值	最低值
750	900	500
1500	1800	1000

4　外部电源

4.0.1　外部电源的供电方式可采用集中供电方式、分散供电方式或混合供电方式。供电能力应满足运营高峰小时的用电负荷。

条文说明

当中低速磁浮交通的外部供电采用集中供电方式时，需专门设置主变电所来接受城市电网的电源，主变电所进线电压多采用110kV，经在主变电所内降压为35kV或10kV电压后，再通过中压供电网络为系统中的牵引变电所和降压变电所供电。当外部供电采用分散供电方式时，可设置电源开闭所，直接分散接受城市中压35kV或10kV电源，无须降压便经中压供电网络为系统中的牵引变电所和降压变电所供电。

4.0.2　中低速磁浮交通供电系统受电点引入的外部电源应是两路相互独立的电源，其中至少一路应为专线电源。

条文说明

供电系统受电点是指主变电所、电源开闭所或直接由城市电网变电所供电的车站变电所的电源进线处。

两路来自不同变电所或来自同一变电所不同母线的电源，当一路电源发生故障时，另一路电源基本不受影响，这样的电源可视为相互独立的电源。

专线电源是指电源线路上不再挂接其他地方负荷，而仅向中低速磁浮交通供电系统供电的电源。由于非专线电源有可能受到其他挂接负荷的影响，为了保障中低速磁浮交通的供电可靠性，要求供电的两路电源中至少要有一路专线电源。

4.0.3　集中供电方式可采用110kV或66kV的电压等级，分散供电方式宜采用与城市电网相同的电压等级。

4.0.4　外部电源的设计方案、电能计量要求应与公用电力部门商定，并核算系统电压损失。

4.0.5　在各降压变电所0.4kV侧可采用分散就地补偿或在主变电所集中补偿的无功补偿方案。

5 变电所

5.1 变电所选址

5.1.1 变电所所址的选择，应符合下列规定：

1 应靠近负荷中心。

2 应便于电缆线路引入、引出。

3 应方便交通运输。

4 独立设置的变电所应靠近中低速磁浮交通线路，并应与城市规划相协调。

5.1.2 当牵引变电所和降压变电所位于同一车站或车辆基地时，宜合建为牵引降压混合变电所。

5.1.3 降压变电所应设置在车站重负荷端。

5.1.4 沿线变电所的数量及位置应结合线网规划、变电所所址环境、沿线动力照明负荷等因素并经供电计算确定。当一个供电区域内存在多个集中负荷时，可增设跟随式降压变电所。

条文说明

变电所的数量及在线路上的分布，应结合线路的各种实际工况进行计算确定，在满足各项技术要求的基础上，需注意经济合理性，考虑供电系统的远期需要，同时应重视运营管理、环境协调和交通便利等因素。

5.1.5 当主变电所出现故障退出运行时，相邻主变电所应能分担其一级、二级供电负荷。

5.1.6 相邻的两座牵引变电所宜采用双边供电方式。当一座牵引变电所出现故障退出运行时，可采用越区单边供电或大双边供电方式。

5.1.7 主变电所与中低速磁浮交通线路间选址时应考虑专用电缆通道。

5.2 一次接线

5.2.1 两条及以上的城市轨道交通线路共享主变电所时，低压侧宜采用两级母线的接线形式。

5.2.2 变电所的一次接线应可靠。变电所的中压侧、低压侧应采用分段单母线接线。

5.2.3 牵引变电所应设置两套牵引整流机组。牵引变电所内的整流机组应采用等效24脉波整流方式。两套牵引整流机组应接在同一段中压母线上，直流牵引母线宜采用单母线接线。

5.2.4 降压变电所应设置两台配电变压器，宜采用单母线分段接线。

5.3 设备配置

5.3.1 主变电所宜采用有载调压主变压器。主变压器的数量与容量应根据近、远期负荷计算确定，宜分期实施。

条文说明

为节省工程初期投资及降低运营成本，主变电所的主变压器台数与容量可按近期负荷确定，但主变电所的相关土建设计应按根据远期负荷确定的主变压器数量与容量进行。

5.3.2 主变电所和降压变电所内变压器容量应保证在一台变压器退出运行时，其余变压器能承担供电范围内一级、二级负荷的供电。

条文说明

降压变电所配电变压器容量满足在一台变压器退出运行时，另一台变压器能负担其供电范围内的一级、二级负荷这样既能满足供电系统可靠性的要求，又可降低投资，提高配电变压器运行的负荷率，使运营更为经济。

5.3.3 牵引变电所内整流机组及主要电气设备的容量，应根据运营高峰小时的列车密度、车辆类型与编组、车辆性能、线路条件等因素，通过牵引计算和供电计算确定。当一套整流机组因故退出运行时，另一套整流机组具备运行条件时宜继续运行。

条文说明

如根据近、远期计算负荷确定的牵引整流机组的数量与容量相差较大，则牵引机组可按近远期分期实施；反之，牵引机组数量与容量可按远期实施。为确保牵引变电所因故退出运行情况下的列车正常运行，相邻牵引变电所应能分担其供电负荷。

5.3.4 牵引整流机组的负荷特性应符合表5.3.4的要求。

表5.3.4 牵引整流机组的负荷特性

负荷	100%额定电流	150%额定电流	300%额定电流
持续时间	连续	2h	1min

5.3.5 牵引供电系统中应配置再生电能吸收装置，宜采用节能型。

条文说明

轨道交通车辆再生制动时产生的能量，除部分由邻近处于牵引状态的同行列车吸收以外，其他将以热能形式消耗在列车制动电阻上。中低速磁浮车辆为减少车辆自重，选择将列车制动电阻移出车体而集中置于线路的适当位置，形成单独的再生制动能量吸收装置。目前应用的能量吸收装置有纯电阻消耗型、储能型、混合逆变型和完全逆变型等多种，其中除了纯电阻消耗型是将制动时的能量转变为热能消耗掉外，其他几种吸收装置都可将部分制动电能存储或转变为其他类型电能加以再利用，从而起到节能的效果。这几种装置也被称为节能型吸收装置，设计中应尽量采用。

5.3.6 主变电所电源侧宜设置谐波监测装置。

条文说明

为评估中低速磁浮交通牵引供电系统产生的谐波情况，主变电所电源侧宜设置谐波监测装置，并可根据具体情况决定是否加设谐波治理装置。主变电所宜预留集中式谐波治理装置位置。

5.3.7 控制各类非线性用电设备所产生的谐波宜按项目实际情况选取下列措施：

1 装设无源或有源滤波装置。

2 装设谐波补偿装置。

3 将产生谐波的供电线路和对谐波敏感的供电线路分开。

4 装设谐波监测装置。

5 建设期预留安装滤波器位置，运营后根据需求再投入设备。

5.3.8 变电所直流断路器开关柜宜采用手车式。

5.4 自用电系统

5.4.1 变电所的交流电源屏的电源应引自变电所的两段 0.4kV 低压母线。

5.4.2 变电所直流电源宜采用成套装置，正常运行时蓄电池应处于热备用状态。

5.4.3 变电所内蓄电池组的容量应满足在交流停电情况下向开关操作电源、控制系统、保护系统和事故照明设备连续供电 2h 的要求。

5.5 保护与计量

5.5.1 变电所继电保护装置的可靠性、选择性、灵敏性和速动性应符合现行国家标准《电力装置的继电保护和自动装置设计规范》（GB/T 50062）和《继电保护和安全自动装置技术规程》（GB/T 14285）的规定。

5.5.2 对于变压器内部和外部的短路故障或异常运行方式，宜设置差动保护、过电流保护和温度保护。

5.5.3 对于中压交流供电线路的短路故障或异常运行方式，宜设置线路差动保护和电流保护。

5.5.4 对于牵引整流器的短路故障或异常运行方式，应设置内部短路保护、过电流保护和温度保护。

5.5.5 对于直流牵引馈线的短路故障或异常运行方式，应设置大电流短路断路器直接脱扣跳闸保护、过电流保护、电流变化率及增量保护、双边联跳保护。

5.5.6 直流牵引供电设备应对地绝缘安装，并应设置框架泄漏保护。

5.5.7 直流牵引供电负极与地之间应设置接地漏电保护。

5.5.8 变电所电气测量仪表的设置应符合现行国家标准《电力装置电测量仪表装置设计规范》（GB/T 50063）的规定。测量和计量数据应能在开关柜当地显示，且同时被送到控制中心。

5.5.9 变电所的基本测量和计量应包括下列内容：

1 高压、中压进线和出线电流，高压、中压功率和电能，高压、中压母线电压。

2 整流变压器及配电变压器的一次侧电流、功率、电能。

3 整流机组输出电流。

4 直流母线电压，直流进线及馈出线电流，直流回流电流。

5 交流自用电系统进线电流、母线电压。

6 直流自用电系统母线电压。

5.5.10 变电所各级母线联络开关应设置备用电源自动投入装置。

5.5.11 变电所直流牵引馈线应设置具有在线检测故障功能的自动重合闸装置。

5.5.12 过电压保护应符合现行国家标准《交流电气装置的过电压保护和绝缘配合设计规范》（GB/T 50064）的规定。

条文说明

牵引网的非永久性故障和牵引负荷特性引起的短时过负荷情况，在保护启动中所占概率较大，采用自动重合闸装置能减少不必要的停电。

6 牵引网

6.1 系统构成

6.1.1 牵引网由接触轨系统、正负极上网电缆、隔离开关及避雷器组成。

6.1.2 接触轨系统应包括接触轨本体、绝缘支撑装置、电分段装置、中间接头、膨胀接头、端部弯头、道岔过渡弯头及轨间连接电缆等。

条文说明

由于中低速磁浮交通运行原理的特殊性，在中低速磁浮线路正线上接触轨通常是连续的，除线路两端外，一般不采用端部弯头。

6.2 结构与材料

6.2.1 接触轨宜采用钢铝复合导电轨。

6.2.2 中低速磁浮交通接触轨宜采用侧部授流方式。

条文说明

目前国内外已经开通运行的中低速磁浮项目均采用了侧部授流方式，随着技术快速发展以及采用新型车体结构的车辆出现，未来有可能会有其他形式的授流方式。

6.2.3 接触轨可采用工字型轨或C型轨，同一条线路宜采用同一种轨型。当中低速磁浮交通组网后，有联络线连接的线路宜采用同一种轨型。

条文说明

不同轨型与集电靴滑触授流时，摩擦特性及截面特性不尽相同，在同一运行线路上使用不同轨型容易造成集电靴的磨耗差异。

6.2.4 接触轨的材质应具备耐磨、耐腐蚀、导电性能好的特性。

6.3 技术要求

6.3.1 接触轨与中低速磁浮车辆受流器之间的受流关系应符合现行行业标准《中低速磁浮交通车辆通用技术条件》（CJ/T 375）的规定。

6.3.2 牵引网应符合下列规定：

1 应满足远期高峰小时车辆运行载流量及最低网压要求。

2 应能持续地向车辆供电，并保证在规定的运行速度内，可靠地向车辆受流器馈电。

6.3.3 接触轨安装应符合下列规定：

1 正、负极接触轨宜安装在承轨梁两侧。

2 接触轨的支撑装置应满足机械强度和绝缘耐压要求。

3 接触轨应保证在正常工作温度变化情况下自由伸缩。

4 接触轨的安装位置及安装误差应满足车辆设备限界的要求。

6.3.4 接触轨的平面布置应符合下列规定：

1 接触轨锚段长度应根据环境温度、载流温升、材料线胀系数、膨胀接头的补偿范围及轨道梁随温度变化的伸缩情况确定。

2 在每个锚段中部应设置中心锚节。

3 锚段之间宜采用膨胀元件连接。

4 接触轨支撑跨距应根据列车运行速度、支持结构形式等因素综合考虑。

6.3.5 正、负极上网电缆的截面和数量应满足载流要求，每个回路的电缆数量不得少于2根。

6.3.6 接触轨带电部分和结构体、车体之间的最小净距应符合表6.3.6的规定。

表6.3.6 接触轨带电部分和结构体、车体之间的最小净距

标称电压（V）	静态（mm）	动态（mm）	绝对最小动态（mm）
750	25	25	25
1500	150	100	60

6.3.7 接触轨电分段应设置在下列位置：

1 有牵引变电所车站的列车进站端。

2 辅助线与正线的衔接处。

3　车辆基地车库入口处。

4　车辆基地的出入段线与正线衔接处。

5　车辆基地内不同供电分区之间。

6.3.8　牵引变电所直流快速断路器至正线接触轨之间应设置双极电动隔离开关。

6.3.9　当终端车站后面的正线区段作折返线时，其接触轨宜单独分段。

6.3.10　折返线处接触轨供电应有主、备两路电源，主、备两路电源分别通过电动隔离开关接自上、下行的正线接触轨。

7　电缆

7.1　电缆选择

7.1.1　供电系统采用的电力电缆与控制电缆，地下段应选用低烟、无卤的阻燃电缆，地上段可选用低烟、低卤的阻燃电缆。

条文说明

为防止地下段电线、电缆燃烧危及系统正常工作，以及燃烧时产生的有害气体危害人身健康安全，电线、电缆应采用无卤、低烟的阻燃材料。

7.1.2　消防供电回路应选用耐火阻燃电缆或矿物绝缘类不燃性电缆。重要信号的控制电缆应具有金属屏蔽层。

条文说明

国家标准《建筑设计防火规范》（GB 50016—2014）规定“消防配电线路宜与其他配电线路分开敷设在不同的电缆井、沟内；确有困难需敷设在同一电缆井、沟内时，应分别布置在电缆井、沟的两侧，且消防配电线路应采用矿物绝缘的不燃性电缆”。

7.1.3　电缆在地面或高架桥上敷设时，其外护套应具有抗紫外线的性能，电缆支架上宜有罩、盖等遮阳措施。

条文说明

电力电缆的外护套多为聚氯乙烯材料，当长期暴露在阳光下时，会加速老化，影响电缆的寿命。中低速磁浮交通线路大部分处于地面，受日照影响较大，电缆应采用具有抗紫外线的护套。

7.1.4　供电系统中压网络供电电缆当采用大于150mm^{2}的截面时，宜采用单芯形式。

条文说明

由于中低速磁浮交通工程电缆使用量大，且多为穿管敷设，当三芯及以上的电缆截面大于150mm^2 时，一般敷设比较困难，施工难度较大，且施工过程易损伤电缆，因此建议采用单芯电缆。

7.1.5 敷设在变电所夹层等支架布置密集的环境中，电缆可不含铠装。电缆位于高落差的受力条件时，多芯电缆应具有钢丝铠装；交流单芯电缆应选用非磁性金属铠装层，不得选用未经非磁性有效处理的钢制铠装电缆。

7.2 电缆敷设

7.2.1 高架区间的供电电缆，可采用桥架方式敷设在轨道梁下，或采用支架和电缆线槽方式敷设在线路桥梁两侧。高架区段地面电缆敷设时，可采用电缆沟或管井的方式。

条文说明

当线路采用单线梁结构时，磁浮列车跨坐在轨道梁上方，为了不干扰列车运行，电缆宜敷设在轨道梁下。当线路采用基础梁加轨道结构时，空间较大，中部或两侧安排有电缆通道，因此电缆可采用支架或电缆槽敷设。

7.2.2 电缆敷设应满足车站、区间等建筑限界对供电设施的限界要求。

7.2.3 车站或区间的接地干线应与每个金属电缆支架、吊架、桥架进行可靠电气连接，其两端应与变电所的接地网连接。

7.2.4 桥架、托盘的直线段超过下列长度时：钢制30m、铝合金或玻璃钢制15m，应留有不少于20mm的伸缩缝。电缆桥架的补偿处可同时设置接地干线和伸缩补偿，接地干线的补偿宜采用半径为100mm的半圆补偿环形式。

7.2.5 电缆在车站、车辆基地及控制中心建筑物内敷设时，应符合国家现行标准《电力工程电缆设计标准》（GB 50217）和《民用建筑电气设计规范》（JGJ 16）的规定。车站站台板下电缆通道净高尺寸的允许最小净距应符合表7.2.5的规定。

表7.2.5 车站站台板下电缆通道净高的允许最小净距（单位：mm）

车站站台板下电缆通道净高	地上车站	地下车站
	1900	1300

7.2.6 中压电缆的中间接头宜设在区间。

7.2.7 交流单芯电力电缆的吊架、刚性固定夹具应采用铝合金等不构成磁性回路的产品。电缆支架、吊架、桥架以及电缆刚性固定夹具应具有防腐性能或经防腐处理。

条文说明

交流单芯电缆运行时会在周围空间产生感应磁场，若支撑电缆的吊架构成了闭合磁回路，则该回路中会产生感应电流。一方面加大了电缆线路的电能损耗，另一方面会使吊架发热，给电缆带来不利影响，因此吊架可采用非环形结构或吊架各部之间采用非金属连接，以防止磁回路的闭合。

7.2.8 电缆敷设应符合下列规定：

1　同一回路的单芯中压电力电缆宜采用“品”字形布置，直流电力电缆宜采取“一”字形布置，控制、信号等弱电电缆可采取紧靠或多层叠置方式。

2　对同侧多层支架敷设，应按电压等级由高至低的电力电缆、强电至弱电的控制电缆和信号电缆、通信电缆的顺序排列。

3　对同侧多层支架敷设，当支架层数受空间大小限制时，35kV 及以下相邻电压等级的电力电缆，可排列于同一层支架上，1kV 及以下的电力电缆可与弱电电缆敷设在同一层支架上。

4　同一重要回路的工作与备用电缆，应配置在不同层的支架上。

条文说明

中压环网电缆为三相交流电缆，品字形布置相对其他布置方式更有利于三相磁场平衡；牵引直流电缆没有磁场平衡问题，且通过电流较大，采用水平布置有利于散热和对电缆保护；控制电缆通过的电流很小，不必考虑散热问题，且特点为小截面，数量多，采取紧靠和层叠方式布置有利于节省空间。

7.2.9 中压交流电力电缆金属层的接地方式及其要求，应符合现行国家标准《电力工程电缆设计标准》（GB 50217）的规定。

7.2.10 中压交流电力电缆金属护层的有效截面，应满足在可能的短路电流作用下温升值不超过绝缘与外护层的短路允许最高温度平均值的要求。

条文说明

本条的规定是为防止在电缆发生短路故障时产生的短路电流经电缆金属护层对其造成损伤。

7.2.11 在车站等建筑物设施内，垂直走向的电缆数量较多时宜采用电缆竖井敷设。

7.2.12 电力电缆在敷设时，应按现行国家标准《电力工程电缆设计标准》（GB 50217）要求设置固定部位。

7.2.13 中压电力电缆的终端、中间接头与电缆相连接的部位，宜设伸缩节。未设伸缩节的接头两侧，宜进行刚性固定或在适当长度范围内实施蛇形敷设。

7.2.14 直埋敷设的电缆，不得位于地下管道的正上方或正下方。直埋敷设的电缆与电缆、管道、道路、构筑物等之间的容许最小距离，应符合表 7.2.14 的规定。

表 7.2.14 直埋电缆与电缆、管道、道路、构筑物等之间的容许最小距离（单位：mm）

电缆直埋敷设时的配置情况		平行	交叉
控制电缆之间		—	500①
电力电缆之间或与控制电缆之间	10kV 及以下电力电缆	100	500①
	10kV 以上电力电缆	250②	500①
不同部门使用的电缆		500②	500①
电缆与地下管沟	热力管沟	2000③	500①
	油管或易（可）燃气管道	1000	500①
	其他管道	500	500①
电缆与建筑物基础		600③	—
电缆与道路边		1000③	—
电缆与排水沟		1000③	—
电缆与树木的主干		700	—
电缆与 1kV 及以下架空线电杆		1000③	—
电缆与 1kV 以上架空线杆塔基础		4000③	—

注：①用隔板分隔或电缆穿管时不得小于 250mm。
②用隔板分隔或电缆穿管时不得小于 100mm。
③特殊情况可酌减但其值不应少于一半。

7.2.15 供电系统的电缆从室外进入室内的入口处、电缆竖井的出入口处、电缆穿越建筑物隔墙楼板的孔洞处以及各供电设备与电缆夹层之间的电缆开孔处，均应实施阻火封堵。

7.2.16 电缆构筑物及管槽的排水应符合现行国家标准《电力工程电缆设计标准》（GB 50217）的规定。

8 动力与照明

8.1 一般规定

8.1.1 动力与照明设计应根据工程特点、负荷性质、用电容量、系统规模和发展规划合理确定设计方案。

8.1.2 动力与照明设计除应符合本规范外，尚应符合现行国家标准《供配电系统设计规范》（GB 50052）、《低压配电设计规范》（GB 50054）、《城市轨道交通照明》（GB/T 16275）、《建筑照明设计标准》（GB 50034）和《消防应急照明和疏散指示系统技术标准》（GB 51309）中的有关规定。

8.2 负荷分级及供电要求

8.2.1 用电负荷根据对供电可靠性的要求及中断供电所造成的损失或影响程度可分为一级负荷、二级负荷及三级负荷。各级负荷分级应符合下列规定：

1 火灾自动报警系统设备、消防系统设备、消防电梯、应急照明、地下站厅站台照明、地下区间照明、排烟系统用风机及电动阀门、通信系统设备、信号系统设备、道岔系统设备、电力监控系统设备、环境与设备监控系统设备、变电所操作电源、自动售检票系统设备、兼作疏散用的自动扶梯、站台门、防护门、防淹门、排雨泵、地下车站及区间排水泵等应为一级负荷；其中，地下车站及区间的应急照明、变电所操作电源、火灾自动报警系统设备、环境与设备监控系统设备、专用通信系统设备、信号系统设备为一级负荷中特别重要负荷。

2 地上站厅站台照明、附属房间照明、乘客信息系统、变电所检修电源、普通风机、排污泵、电梯、自动扶梯等应为二级负荷。

3 空调制冷及水系统设备、附属房间电源插座、广告照明、清洁设备、电热设备、维修设备等应为三级负荷。

4 车辆基地、控制中心大楼内建筑电气设备的负荷分级，应符合现行行业标准《民用建筑电气设计规范》（JGJ 16）的有关规定。

8.2.2 一级负荷应由双重电源供电，当一电源发生故障时，另一电源不应同时受到损坏。一级负荷中特别重要的负荷除由双重电源供电外尚应增设应急电源，并不得将其他负荷接入应急供电系统，设备的供电电源切换时间应满足设备允许中断供电的要求。

8.2.3 二级负荷宜由双电源单回路供电，两回电源宜在变电所低压 0.4kV 母线处切换。

8.2.4 三级负荷可采用单电源单回路供电，当系统中只有一个电源工作时可自动切除三级负荷。

8.3 电压和电能质量

8.3.1 用电单位的供电电压应根据用电负荷容量、设备特征、供电距离等信息经技术经济比较后确定。

8.3.2 正常运行情况下，用电设备端子处电压允许偏差值宜符合下列要求：

1 电动机为 ±5% 额定电压。

2 一般工作场所照明为 ±5% 额定电压；区间照明、应急照明、安全照明为 -10% ~ +5% 额定电压。

3 其他用电设备可为 ±5% 额定电压。

条文说明

根据现行国家标准《供配电系统设计规范》（GB 50052—2009）第 5.0.4 条第 2 款规定，对于远离变电所的一般工作场所，难以满足 ±5% 的要求时，可为 -10% ~ +5%。

8.4 低压配电

8.4.1 消防及其他防灾用电负荷与非消防负荷应分别自成体系配电。消防及其他防灾用电设备应采用专用的供电回路，消防用电设备应采用红色文字标识。

8.4.2 大容量设备或重要负荷的配电宜采用放射式接线。

8.4.3 中小容量且无特殊要求的设备配电宜采用树干式接线。

8.4.4 容量很小、彼此相距很近的设备可以采用链式配电，但每一配电回路设备不宜超过 5 台，其总容量不宜超过 10kW。

条文说明

根据现行国家标准《供配电系统设计规范》（GB 50052—2009）相关标注定义。大容量的集中负荷和重要的用电设备主要是指道岔控制设备、电梯与自动扶梯、通信系统设备、信号系统设备、消防水泵等。

8.4.5 配电变压器二次侧至用电设备之间的低压配电级数不宜超过三级；各级配电开关设备宜预留备用回路。

条文说明

低压配电级数过多将给开关的选择性动作整定带来困难。

8.4.6 地下区间和道岔区应设置专用固定照明及维修用移动电器的电源设施，地面及高架区间宜设置维修用移动电器的电源设施；车站站厅和站台宜设置清扫用移动电器的安全型电源插座。

8.4.7 安装在室外露天处的电器外壳防护等级不应低于 IP54，埋地灯具防护等级不应低于 IP67。

8.4.8 各种移动电器的电源回路、室外分支线路及动力照明负荷的插座回路应具有漏电保护功能。

8.4.9 动力设备控制方式可采用就地控制和远方控制。

条文说明

设备的就地操作是最基本的控制方式。在车站控制室或配电室集中控制，即为车站控制方式。在控制中心对各车站的重要设备进行远程控制，即为中央控制方式。

8.4.10 为防止电气火灾，宜设置电气火灾监控系统，其设计应符合现行国家标准《火灾自动报警系统设计规范》（GB 50116）的相关规定。

8.4.11 应根据现行国家标准《火灾自动报警系统设计规范》（GB 50116）的有关规定为消防设备配电的回路末端配置电源状态监视元件。

8.5 配电设备和布置

8.5.1 动力与照明配电设备宜集中布置，设置动照配电室；配电室位置应结合设备房布局选定。

8.5.2 地下站在通风空调等设备集中且容量较大场所宜设置环控配电室，环控电控室与通风空调机房相邻。

8.5.3 动照配电室、环控配电室内的设备布置应符合现行国家标准《低压配电设计规范》（GB 50054）的规定，室内宜预留配电设备位置以及预留设备所需的孔洞和进出线电缆通道条件。

8.5.4 在车站站厅、设备层、站台及站台板下电缆较集中处设电缆竖井，电缆竖井宜贯通站厅层、设备层、站台层和站台板下电缆通道。

8.6 照明

8.6.1 中低速磁浮交通工作场所照明种类可分为：正常照明、应急照明、值班照明、过渡照明和广告照明；照明设计及照度标准应符合现行国家标准《城市轨道交通照明》（GB/T 16275）中的有关规定。

8.6.2 应急照明包括备用照明和疏散照明。当正常照明失电后需确保正常工作或活动继续进行的场所应设置备用照明；当正常照明失电后或在火灾情况下正常断电时，对需要确保人员安全疏散的场所应设置疏散照明。

8.6.3 地下车站公共区的照明负荷应由0.4kV变电所两段母线交叉供电。

8.6.4 应急照明由应急照明系统供电，应急照明电源装置宜集中设置于各配电室。

8.6.5 线路及建筑应急照明供电时间应符合现行国家标准《建筑防火设计规范》（GB 50016）及《消防应急照明和疏散指示系统技术标准》（GB 51309）的相关规定。

8.6.6 备用照明和疏散照明不应由同一分支回路供电；应急照明电源回路不得设置插座。

8.6.7 站台板下、电缆夹层及扶梯下检修通道应设置照明，其电压不应超过24V；其供电变压器应采用安全隔离变压器，且二次侧不应接地。

8.6.8 车站宜按使用需求采用适宜的智能照明控制系统，其系统应预留与其他系统的接口。

8.6.9 车站公共区正常照明应采用集中控制方式，并按需采取调光或分区、分组控制措施；设备管理用房可就地或就近设开关控制；值班照明应能单独控制；应急照明系统由火灾自动报警系统强启。

9　电力监控系统

9.1　一般规定

9.1.1　供电系统应设置电力监控系统。电力监控系统的构成、监控对象、功能要求，应根据供电系统的特点、运营要求、通道条件确定。

9.1.2　电力监控系统宜采用通信系统的标准时钟信号。

9.1.3　电力监控系统的功能应满足变电所无人值守的运行要求。

9.1.4　电力监控系统的设备选型、系统容量和功能配置，应满足系统稳定与发展的需要。

9.2　系统构成及功能

9.2.1　电力监控系统应包括电力调度系统、变电所综合自动化系统及联系电力调度系统、变电所综合自动化系统的专用数据传输通道。

9.2.2　电力监控系统的遥控可分为选点式、选站式、选线式控制，其应具备下列基本功能：

1　对供电系统设备运行状态的实时监视和故障报警功能。
2　对供电系统中主要运行参数的实时监测功能。
3　采用中文的屏幕画面显示、模拟盘显示或其他显示方式的显示功能。
4　对供电系统故障记录、电能统计等日报、月报制表的打印功能。
5　系统自检、自动维护、系统组态和扩展功能。
6　数据传输和处理功能。
7　事故追忆、信息查询和安全管理功能。
8　主/备通道切换功能。
9　系统时钟同步功能。
10　培训功能。

9.2.3 当设有综合监控系统时，电力调度系统应集成到综合监控系统中。

9.2.4 电力调度系统设备应按照双冗余系统的原则进行配置，应包含以下主要设备：

1 计算机设备与计算机网络。

2 人机接口设备。

3 打印记录设备和屏幕拷贝设备。

4 通信处理设备。

9.2.5 变电所综合自动化系统应满足下列基本功能：

1 远动控制输出。

2 包含数字量、模拟量、脉冲量等现场数据。

3 远动数据传输。

4 可脱离电力调度系统独立运行。

9.2.6 变电所综合自动化系统设备的通信规约应对用户完全开放。

9.2.7 电力监控系统通道的设计应包括通道的结构形式、主/备通道的配置方式、远动信息传输通道的接口形式和通道的性能要求，远动设计通道宜采用通信系统的数据通道。

9.3 监控对象

9.3.1 电力监控系统监控的对象应包括主变电所或电源开闭所、牵引变电所、降压变电所和牵引网设备，功能应包括遥控、遥信、遥测和遥调。

9.3.2 遥控对象应包括下列开关设备：

1 变电所内中压及以上电压等级的断路器、负荷开关及电动隔离开关。

2 降压变电所低压进线断路器、母联断路器、三级负荷总开关及大容量的一级、二级负荷开关。

3 牵引变电所的直流快速断路器、电动隔离开关。

4 接触轨电动隔离开关。

9.3.3 遥信对象应包括下列基本内容：

1 遥控对象的位置信号。

2 高中压断路器、直流快速断路器的各种故障跳闸信号。

3 变压器、整流机组的故障信号。

4 所用交直流电源系统的故障信号。

5 降压变电所低压进线断路器、母联断路器的故障跳闸信号。

6 开关控制回路断线信号。

7 自动装置动作信号。

8 保护及测量回路的电压互感器（PT）及电流互感器（CT）故障信号。

9 所内预告信号。

10 控制方式。

9.3.4 遥测对象应包括下列基本内容：

1 变电所进线电压、电流、功率、电能。

2 变电所交流母线电流、电压。

3 变电所交流环网进、出线电流。

4 变电所交流馈线电流、功率、电能。

5 变电所交直流辅助电源系统的母线电压。

6 直流牵引供电系统母线电压。

7 直流进线电流、负极回流电流、馈线电流。

8 0.4kV 进线电流、功率因数。

9 0.4kV 母线电流、电压。

9.3.5 遥调对象应包括下列基本内容：

1 有载调压变压器的调压开关。

2 中压和牵引直流继电保护整定定值组。

9.4 主要技术指标

9.4.1 系统主要技术指标应符合下列规定：

1 遥控命令传送时间不应大于 3s。

2 遥信变位传送时间不应大于 3s。

3 遥控正确率不应低于 99.9%。

4 遥信正确率不应低于 99.9%。

5 子站遥信分辨率不应大于 10ms。

6 遥测综合误差不应大于 1.5%。

7 站间 SOE 分辨率不应大于 15ms。

8 双机自动切换时间不应大于 30s。

9 画面调用响应时间不应大于 3s。

10 服务器负荷率不大于 50%。

11 网络负荷率不大于 30%。

12 数据传输通道通信传输速率不应低于 100Mbps。

13 设备平均无故障工作时间不应低于20000h。

14 设备平均修复时间不应多于1h。

条文说明

主要技术指标为基本要求，设计可在设备招标时根据产品发展情况具体确定。

四遥对象包含但不限于规范内容，若设置了其他供电设备，如再生制动能量利用系统等，其运行数据亦应纳入电力监控范围。

10 防雷与接地

10.0.1 车站和单体变电所均应采用综合接地装置。

10.0.2 供电系统中直流开关柜、整流柜、接触轨隔离开关柜、制动能量吸收装置及附属设备的外露可导电部分需经保护装置接地，其余电气装置与设施的外露可导电部分均应直接接地。

10.0.3 当供电系统与其他系统共用接地装置时，其接地电阻不应大于接入设备中的要求的最小值。

10.0.4 接地装置应能降低接触电位差和跨步电压差，并应符合现行国家标准《交流电气装置的接地设计规范》（GB/T 50065）的有关规定。

10.0.5 接地装置应利用车站结构钢筋或变电所结构基础钢筋等自然接地极作为接地装置，并宜敷设以水平接地极为主的人工接地网。自然接地装置与人工接地网间应采用不少于两根导体在不同地点相连接。自然接地极与人工接地网的接地电阻值应能分别测量。

条文说明

由于人身安全需要，车站及变电所结构主体钢筋应作为等电位联结内容，而在满足相关条件的情况下，利用车站及变电所结构钢筋等自然接地极作为接地装置能够减少工程投资并有利于保持接地电阻的稳定性。当利用自然接地体能满足接地电阻要求时，可不再敷设人工接地网。

10.0.6 接地装置至变电所的接地线的截面，不应小于系统中保护地线截面的最大值。

10.0.7 降压变电所的配电变压器低压侧中性点应直接接地。

10.0.8 直流牵引供电系统应为不接地系统，牵引变电所中的直流牵引供电设备应绝缘安装。

条文说明

为减少直流泄漏，并防止结构主体钢筋因杂散电流腐蚀而产生安全隐患，作此规定。直流牵引供电系统采用不接地系统，变电所直流牵引供电设备采用绝缘安装，有利于对结构主体钢筋腐蚀防护，同时保障中低速磁浮沿线其他市政金属管线的安全。

10.0.9 地上牵引变电所及与地上相邻的地下牵引变电所，直流负母线设置雷电过电压吸收装置。

10.0.10 在车站线路、车辆基地、故障停留线等有人员上下车区段的负极轨侧，应设置安全接地轨。接地轨应采取温度补偿措施。接地轨应可靠接地，接地电阻不应大于4Ω。

条文说明

本条文的规定是为了避免检修作业时对检修人员造成人身伤害等安全事故，因此接触轨应有可靠的接地装置并安全接地。

10.0.11 在下列位置的接触轨上应设置避雷器：

1 地面及高架区段馈线上网处。

2 隧道口处。

10.0.12 避雷器的冲击接地电阻不应大于10Ω。

10.0.13 车站及单体建筑均应设等电位联结。

10.0.14 中低速磁浮交通工程的防雷、接地设计，除应符合本规范的规定外，还应符合现行国家标准《建筑物防雷设计规范》（GB 50057）、《交流电气装置的过电压保护和绝缘配合设计规范》（GB/T 50064）、《交流电气装置的接地设计规范》（GB/T 50065）等有关规定。

11 供电维修

11.1 供电设施维修模式

11.1.1 供电设备的保养与维护应采取预防与维修相结合的方式，实行周期检测、计划维修与状态维修。

11.1.2 维修作业应做到巡检与周期检测、重点抽检相结合。电气设备的检测、试验、修理应以现场为主，供电车间为辅。

11.2 供电维修机构规模

11.2.1 应设置供电车间以满足供电设备的运行管理、巡检、维修和抢修的要求。供电车间宜设于车辆基地或综合维修中心。有停车场时，宜在停车场增设供电工区。

11.2.2 供电车间的规模应满足供电设备中小修的要求，供电设备大修宜委托专业工厂完成。

11.2.3 供电工区的规模应满足供电设备日常维护的要求。

11.3 供电维修设施配置

11.3.1 供电车间应设置生产生活房屋、接触轨维修工程车停放线及车库，车库宜设置在停放线末端。

11.3.2 供电车间生产生活房屋应包括办公房屋、生活房屋、检修房屋、车库、材料库及辅助房屋，供电车间生产生活房屋有条件时应与同类房屋合并设置。沿线车站宜根据需要设置接触轨抢修值守房屋。

11.3.3 维修机构所需房屋及人员岗位应结合供电设备维修作业性质及供电设备沿线分散设置的特点进行配置，满足供电设备故障时及时、准确抢修的要求。

11.3.4 供电车间应配备接触轨维修工程车、供电设备维修所需的设备工器具。

本规范用词说明

1　为便于在执行本规范条文时区别对待，对要求严格程度不同的用词说明如下：

1）表示很严格，非这样做不可的用词：

正面词采用“必须”，反面词采用“严禁”。

2）表示严格，在正常情况下均应这样做的词：

正面词采用“应”，反面词采用“不应”或“不得”。

3）表示允许稍有选择，在条件许可时首先应这样做的用词：

正面词采用“宜”，反面词采用“不宜”。

4）表示有选择，在一定条件下可以这样做的用词，采用“可”。

2　条文中指明应按其他有关标准执行的写法为：“应符合……的规定”或“应按……执行”。

引用标准名录

1 《电能质量供电电压允许偏差》（GB 12325）
2 《消防应急照明和疏散指示系统》（GB 17945）
3 《建筑设计防火规范》（GB 50016—2014）
4 《建筑照明设计标准》（GB 50034—2013）
5 《供配电系统设计规范》（GB 50052—2009）
6 《20kV 及以下变电所设计规范》（GB 50053—2013）
7 《低压配电设计规范》（GB 50054—2011）
8 《通用用电设备配电设计规范》（GB 50055—2011）
9 《建筑物防雷设计规范》（GB 50057—2010）
10 《35kV ~ 110kV 变电站设计规范》（GB 50059—2011）
11 《3 ~ 110kV 高压配电装置设计规范》（GB 50060）
12 《火灾自动报警系统设计规范》（GB 50116—2013）
13 《地铁设计规范》（GB 50157—2013）
14 《电力工程电缆设计标准》（GB 50217—2018）
15 《建筑机电工程抗震设计规范》（GB 50981—2014）
16 《消防应急照明和疏散指示系统技术标准》（GB 51309—2018）
17 《继电保护和安全自动装置技术规程》（GB/T 14285）
18 《电能质量公用电网谐波》（GB/T 14549）
19 《城市轨道交通照明》（GB/T 16275）
20 《电力装置的继电保护和自动装置设计规范》（GB/T 50062）
21 《电力装置电测量仪表装置设计规范》（GB/T 50063—2017）
22 《交流电气装置的过电压保护和绝缘配合设计规范》（GB/T 50064—2014）
23 《交流电气装置的接地设计规范》（GB/T 50065—2011）
24 《城市轨道交通工程基本术语标准》（GB/T 50833—2012）
25 《中低速磁浮交通运行控制技术规范》（CJJ/T 255—2017）
26 《中低速磁浮交通供电技术规范》（CJJ/T 256—2016）
27 《中低速磁浮交通设计规范》（CJJ/T 262—2017）
28 《中低速磁浮交通车辆通用技术条件》（CJ/T 375—2011）
29 《城市轨道交通钢铝复合导电轨技术要求》（CJ/T 414—2012）
30 《民用建筑电气设计规范》（JTG 16）

涉及专利和专有技术名录

[1] 中铁第五勘察设计院集团有限公司．铁路轨道涂镀设备用涂镀电源：中国，201721070639.2 [P]．2017-08-24.

[2] 中铁第五勘察设计院集团有限公司．一种高速铁路智能综合防雷监控系统：中国，201820967521.8 [P]．2018-06-22.

[3] 中铁第五勘察设计院集团有限公司．自适应变轨距的U形梁架桥机：中国，201610335182.7 [P]．2016-05-19.

[4] 中铁第五勘察设计院集团有限公司．一种电缆槽：中国，201821017428.7 [P]．2018-06-28.

[5] 中铁第五勘察设计院集团有限公司．一种城市轨道交通牵引供电系统：中国，201821796897.3 [P]．2018-11-01.

[6] 中铁第四勘察设计院集团有限公司．一种磁浮交通中压环网保护方法：中国，201810410366.4 [P]．2018-05-02.

[7] 铁道第三勘测设计院集团有限公司．磁浮轨道交通侧接触供电轨防护罩：中国，201620301835.5 [P]．2016-04-12.

[8] 中铁第四勘察设计院集团有限公司．一种适用于磁浮牵引供电系统的避雷器监测装置：中国，201621044355.1 [P]．2016-09-09.

[9] 中国人民解放军国防科学技术大学．用于中低速磁浮列车的接地与保护方法：中国，201110027036.5 [P]．2011-01-25.